ANKE & DANIEL KALLAUCH

# WENN FAMILIEN BETEN

GEMEINSAM ZEIT VERBRINGEN - GOTT BEGEGNEN

Volltreffer

## IMPRESSUM



Volltreffer

© 2016 VOLLTREFFER, 45529 Hattingen
www.danielkallauch.de
Email: info@danielkallauch.de

*Die Bibelverse sind folgenden Übersetzungen entnommen:*
Gute Nachricht Bibel, revidierte Fassung, durchgesehene Ausgabe, © 2000 Deutsche Bibelgesellschaft, Stuttgart
BasisBibel. Das Neue Testament und die Psalmen, © 2012 Deutsche Bibelgesellschaft Stuttgart. www.basisbibel.de
Hoffnung für alle®, © 1983, 1996, 2002, 2015 by Biblica, Inc.®. Fontis-Brunnen Basel
Neues Leben. Die Bibel © 2002 und 2006 SCM-Verlag GmbH & Co. KG, Witten, www.scm-brockhaus.de
Verwendet mit freundlicher Genehmigung der Herausgeber.

Gestaltung & Satz: spoon design, Olaf Johannson
Notensatz: Christine Kandert
Coverfoto: Pressmaster/Shutterstock.com
Illustrationen: Jan Gimeno
Druck und Bindung: Print House DB
Lektorat: Melanie Schmitt
ISBN 978-3-9817652-1-2

# INHALT

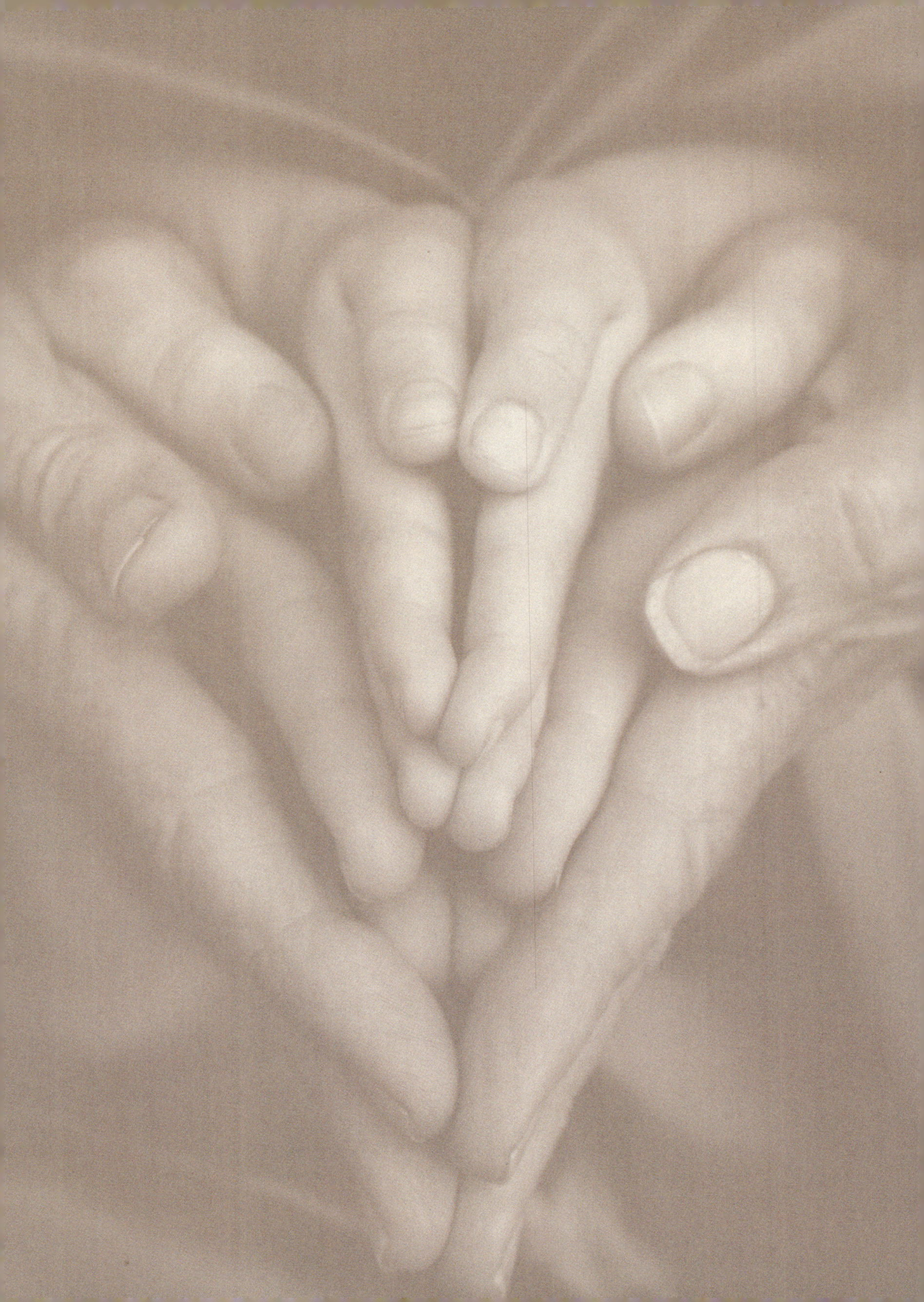

# VORWORT

von Dr. Johannes Hartl

Gebet ist ein faszinierendes Thema. Für manche Christen nur eine fromme Pflicht erahnen doch nicht wenige, dass sich eigentlich ein bedeutsames Geheimnis dahinter verbirgt. So ähnlich jedenfalls muss das für die Jünger Jesu gewesen sein. Die hatten das große Privileg, Tag und Nacht über lange Zeit ganz nah an Jesus dran sein zu können. Jesus bei allem was er tut zusehen zu können! Was hätte man da alles lernen können! Erstaunlicher Weise gibt es nur eine einzige Situation, in der die Jünger Jesus direkt bitten, sie etwas zu lehren: „lehre uns beten" (Luk 11,1). Es war offenbar etwas am Gebetsleben Jesu, das die Jünger so packte, dass sie es unbedingt auch lernen wollten. Gebet, das ist etwas, das man lernen kann. Doch es ist auch etwas, das man lernen muss, es kommt nicht von alleine. Das allermeiste von dem, was wir überhaupt lernen, lernen wir in der Familie und in den ersten Lebensjahren. Sieht ein Kind seine Eltern beten und lernt von ihnen, was es heißt, in Beziehung mit Gott zu leben, legt das ein Fundament ins Herz, das ein Leben lang tragen kann. Doch auch Eltern lernen viel, wenn Familien gemeinsam beten. Das Familienleben erfordert eine strikte Routine: Aufstehen, Waschen, Essen, Arbeiten... Findet eine Familie Zeit für das gemeinsame Gebet, lernt jedes Familienmitglied – auch die Eltern! – dafür im Alltag konkret Zeit einzuplanen. Meine eigenen vier Kinder überraschen mich immer wieder. Obgleich meine Frau und ich ein Gebetshaus gegründet haben, ist unser Familienalltag nicht gerade übergeistlich, sondern meist ziemlich normal. Doch wir nehmen unsere Kinder als geistliche Personen ernst. Immer wieder erzählen sie mir davon, was sie im Gebet von Gott empfunden haben, welche Eindrücke sie bekamen oder welche Bibelstelle ihnen aufgegangen ist. Dieses Buch ist eine wunderbare Gelegenheit, als Familie das Gebet ganz konkret, praxisnah und einfach neu ins Leben einzubauen! Lieben Ihre Kinder die Lieder von Daniel Kallauch? Meine ganz sicher! Dann wird dieses Buch auch Ihrer Familie helfen, gemeinsam beten zu lernen. Und davon profitieren alle.

*Dr. Johannes Hartl*

# EINFÜHRUNG

## Wenn Familien beten – Gemeinsam Zeit verbringen – Gott begegnen

Für viele Familien ist es nicht so einfach, Gott gemeinsam zu begegnen und ihm einen festen Platz im Alltag zu geben. Oft fehlen die Zeit und die Gelegenheit, um bewusst Gottes Gegenwart zu suchen. In vielen Familien besteht aber auch Unsicherheit: Wie können wir eine Zeit mit Gott gestalten, die allen in der Familie gerecht wird? Was könnten wir in dieser Zeit tun?
Dieses Projekt möchte Familien dabei helfen, eine eigene Familienliturgie zu entwickeln. Auch im Gottesdienst gibt es eine mehr oder weniger feste Liturgie – eine Abfolge von Ritualen, die eines zum Ziel haben: Gott zu begegnen. Dieses Projekt bietet solche ritualisierte Abfolgen an; einen festen Rahmen, um innerhalb der Familie einen Viertelstunde mit Gott zu gestalten. Alles, was in diesem Buch abgedruckt ist, gibt es auch auf der CD zum Hören. Jede Familie kann sich (immer wieder neu) entscheiden: Möchte jemand von uns die Texte lesen oder möchten wir sie lieber von der CD hören?

„Wenn Familien beten" versteht sich als Geländer im Sturm des Alltags, um Familien in eine gemeinsame Ruhezeit zu führen. „Wenn Familien beten" ist keine Familienandacht, bei der man jedes Mal etwas Neues lernt, indem man neue Informationen bekommt oder sein Wissen über Gott erweitert. Bei „Wenn Familien beten" geht es darum, Kinder in den lebendigen Glauben mit hineinzunehmen und sie erfahren zu lassen, wie Beten, Hören auf Gott und Bibellesen geht.

## Wie man „Wenn Familien beten" benutzt

Bei einer Liturgie wiederholt sich Vieles. Manche Sätze kommen immer wieder vor und auch manche Lieder, Gesten und Symbole. Das tut gut und hilft, sich auf Gott zu konzentrieren und ihn in unserer Mitte zu erleben. Die kleinen Symbolhandlungen sind natürlich freiwillig, aber sie können als Einladung verstanden werden, auch den Körper mit einzubeziehen. Gerade Kindern fällt es leichter, wenn nicht nur gesprochen wird, sondern wenn man auch etwas machen kann. Wenn die Eltern das ausprobieren und vormachen, kann auch den Kindern ein Weg eröffnet werden, Gott zu begegnen.

Eine Liturgie muss man einüben, deshalb sollte man jede Einheit mehrmals machen, damit die Lieder gelernt und mitgesungen werden können. Wir empfehlen, „Wenn Familien beten" einmal in der Woche durchzuführen und eine Einheit vier Mal zu machen – also einen ganzen Monat lang. Dann kann man zur nächsten Einheit übergehen. (Die Einheit „Gott kommt zu uns" passt dabei besonders in die Adventszeit hinein.) In der Mitte jeder Einheit gibt es einen Gesprächsimpuls. Nehmt immer nur eine einzige Frage für euren Austausch: in der ersten Woche die erste Frage, in der zweiten Woche die zweite Frage usw. So gibt es sowohl die Wiederholung der Lieder, Bibeltexte und Gebete der Woche davor, als auch eine kleine Neuerung. Selbst die gleiche Frage kann immer wieder ganz unterschiedliche Gespräche zur Folge haben.

Wir empfehlen, die kurzen Bibeltexte immer zweimal zu lesen – wie es auch auf der CD zu hören ist. Zunächst können der Einstieg, die Bibeltexte und die Gebete von der CD angehört werden. Vielleicht möchten manche Familien die Texte nach einer Zeit auch selbst lesen und nur noch die Lieder zum Mitsingen abspielen. Das kann jede Familie natürlich selbst entscheiden.

Die Gesprächsbeiträge der einzelnen Familienmitglieder sollten erst einmal unkommentiert bleiben, bis jeder, der möchte, etwas sagen konnte. Dann könnte man nachfragen: „Wie hast du das gemeint?" Schön ist es, wenn sich ein Gespräch ergibt. Das kann mal länger, mal kürzer sein. Jeder kann etwas beitragen. Auch von jüngeren Kindern können wir dabei viel lernen und erfahren, wie sie Gott erleben. An die formulierten Gebete kann sich natürlich jederzeit eine freie Gebetszeit anschließen. Hängt die Erwartungen daran zu Beginn aber nicht zu hoch. Vieles ergibt sich im Laufe der Zeit.

Eltern brauchen sich auf „Wenn Familien beten" nicht besonders vorzubereiten. Man benötigt nur eine Abspielmöglichkeit für die CD, um zusammen zu singen und die Texte zu hören und außerdem eine Kerze mit Streichhölzern. Wenn man gemeinsam am Tisch sitzt, empfiehlt es sich, ihn vorher ganz frei zu räumen und nur die Kerze auf den Tisch zu stellen. Natürlich können sich auch alle gemeinsam im Wohnzimmer aufs Sofa kuscheln. Es ist eine Gemeinschaftszeit für die Familie, keine „Unterweisung“. Auch wenn ein Elternteil oder eines der Kinder mal nicht da sein sollte: Lasst euch nicht daran hindern „Wenn Familien beten“ regelmäßig durchzuführen.

Wenn man noch nie etwas Vergleichbares gemacht hat, reagieren ältere Kinder manchmal nicht sofort mit Begeisterung. Bleibt trotzdem dran. Eine Zeit der Zuwendung zueinander tut ihnen und auch den Eltern sehr gut. Wenn die Kinder die gemeinsame Zeit mit Gott zwei oder drei Mal erlebt haben, werden sie vermutlich gerne dabei sein, denn Kinder lieben Rituale und das Zusammensein mit den Eltern. Die Kinder sollten möglichst viel beteiligt werden. Sie können die Kerze anzünden und auspusten, können vielleicht die Stopp- und Starttaste bedienen und alle gemeinsam können am Ende der Gebete „Amen“ sagen.

„Wenn Familien beten“ kann auch Teil eines Rahmens sein, den ihr als Familie vielleicht ohnehin schon habt: der Spiele- oder Filmabend am Samstag, das gemeinsame Sonntagsfrühstück oder etwas anderes Wiederkehrendes. Wir selbst waren lange mit liturgischen Elementen nicht so vertraut. Dann begannen wir mit dem Tageszeitengebet „Deus adest“, das der Schweizer Pastor Thomas Härry herausgegeben hat. Dadurch wurden wir inspiriert, etwas Vergleichbares für Familien zu entwickeln.

Wer zum Abspielen der Lieder und Texte lieber eine mp3-Datei (zum Beispiel auf dem Tablet oder Smartphone) nutzen möchte, kann den Inhalt der CD mit dem Code **WFB2016ADK** auf www.shop/daniel.kallauch.de herunterladen.

20 Familien haben das Konzept getestet und ihre Erfahrungen mit uns geteilt, so dass viele ihrer Ideen in „Wenn Familien beten“ mit eingeflossen sind. Vielen Dank dafür!

Wir wünschen allen Familien viel Freude und gute Erfahrungen mit „Wenn Familien beten“. Wenn ihr uns etwas davon mitteilen wollt, wie ihr diese Zeiten erlebt habt und welche eigenen Ideen euch dabei gekommen sind, freuen wir uns über eure Rückmeldungen. Sendet diese bitte an: wfb@danielkallauch.de

*Anke und Daniel Kallauch*

# GOTT HAT ALLES GEMACHT (Nr. 1–9 auf der CD)

## 1: Einstieg

<<<instrumental >>>

Unser Gott, der die ganze Welt gemacht hat, ist jetzt hier.
Als er sagte: „Es werde Licht!" da wurde es hell.
Als Zeichen seiner Nähe, Liebe und Wärme zünden wir eine Kerze an.

<<< Kerze anzünden >>>

## 2: Lied „Jesus wir laden dich ein"

Jesus, wir laden dich ein
bei uns zu sein.
Bitte komm herein,
sei bei uns daheim.

Du bist da, wunderbar.
Wir freuen uns, Halleluja.
Du bist da, wunderbar.
Wir begrüßen dich.

Jesus, wir laden dich ein,
willkommen daheim.

## 3: Gebet

*Das folgende Gebet sprechen wir gemeinsam. Wir öffnen unsere Hände und sagen Gott dadurch: Du bist unser Schöpfer. Wir vertrauen dir und beten dich an. Rede jetzt zu uns.*
*Wir halten Gott unsere Hände hin - während des Gebetes und auch noch einen Moment danach.*

Gott, du hast alles gemacht: die Erde, die Sonne, den Mond und die Sterne. Du hast auch unsere Welt so schön gemacht. Wir bewundern dich!
Ehre sei dem Vater und dem Sohn und dem Heiligen Geist.
Du bist immer schon da gewesen. Jetzt bist du hier und wirst auch morgen und allezeit bei uns sein. Amen.

## 4: Lied „Gott sprach am Anfang"

Gott sprach am Anfang: „Es werde Licht!"
und die Dunkelheit verschwand.
So brauchen wir nicht länger in der Finsternis sein.
Gott, der uns unendlich liebt,
hat dann seinen Sohn gesandt.
So brauchen wir nicht länger in der Finsternis sein.

Jesus, komm in meine Dunkelheit hinein,
mit deinem warmen Licht, mit hellem Schein,
denn in deinem Licht fürchte ich mich nicht.

## 5: Bibeltext: Psalm 8

*Wir hören einen Text aus der Bibel aus Psalm 8:*

Herr, unser Herrscher! Wie machtvoll klingt dein Name auf der ganzen Erde! Deine Herrlichkeit strahlt über dem Himmel auf! Schaue ich hinauf zum Himmel, staune ich über das Werk deiner Finger. Betrachte ich den Mond und die Sterne, die du dort oben befestigt hast, so frage ich: Was ist der Mensch, dass du an ihn denkst? Wie wertvoll ist das Menschenkind, dass du dich um es kümmerst? Kaum geringer als Gott – so hast du den Menschen geschaffen. Du schmückst ihn mit einer Krone – sie verleiht ihm Herrlichkeit und Würde. Die Werke deiner Hände hast du ihm anvertraut. Alles hast du ihm zu Füßen gelegt: Schafe, Ziegen und Rinder – alle zusammen und dazu die wilden Tiere auf dem Feld. Die Vögel am Himmel und die Fische im Wasser und was sich sonst in den Meeren bewegt. Herr, unser Herrscher! Wie machtvoll klingt dein Name auf der ganzen Erde!

(Übersetzung: Basis Bibel Psalm 8, 2.4-10)

<<< Zur Vertiefung lesen wir den Text noch einmal >>>

## 6: Gesprächszeit

Gott, der Schöpfer der Welt, ist auch hier bei uns. Er denkt immer an die Menschen, die er liebt.
Wir nehmen uns Zeit und reden miteinander über das, was wir gerade gehört haben.
Gott ist so groß und so herrlich. Er ist mächtig und hatte viele Ideen, als er die Welt gemacht hat. Er hat auch dich und mich gemacht.

*Bitte wählt nun eine der vier Fragen aus. Redet miteinander darüber. Jeder sagt reihum einen Gedanken dazu. Das jüngste Familienmitglied beginnt. Jeder darf seine Gedanken sagen, während die anderen ihm zuhören. Alles, was gesagt wird, ist wertvoll.*

<<< Bitte jetzt auf Pause drücken >>>

1. Über welche Dinge, die Gott gemacht hat, hast du schon einmal sehr gestaunt?

2. Warum sind die Menschen so ganz besonders für Gott? Warum kümmert er sich so um die Menschen?

3. Wie kannst du Gott sagen oder zeigen, dass du ihn bewunderst?

4. Gott hat den Menschen alles anvertraut, was er gemacht hat. Wie können wir heute gut auf die Schöpfung aufpassen?

<<< Bei Nr. 7 fortfahren >>>

## 7: Gebet

<<< Instrumental >>>

*Lasst uns zusammen mit Gott sprechen.*

Lieber Vater im Himmel!
Wir vergessen dich manchmal, aber du vergisst uns nie. Wir achten nicht immer gut auf diese Erde, bitte hilf uns, deine Schöpfung zu bewahren und gut zu dem zu sein, was du geschaffen hast. Hilf uns, jeden in unserer Familie, jeden im Kindergarten, der Schule und bei der Arbeit so zu sehen, wie du ihn siehst: Einfach prima gemacht und von dir geliebt und umsorgt.
Amen.

## 8: Lied „Du bist der Herr“

Du bist der Herr, du und kein anderer!
Du hast den Himmel gemacht,
Tag und Nacht dir ausgedacht.
Du bist der Herr, du und kein anderer!
Du hast mir Leben geschenkt,
du bist Gott, der alles lenkt.

Und darum bete ich dich an,
du mein Schöpfer.
Alles Gute kommt von dir!
Voller Liebe hast du mich geschaffen,
neues Leben gibst du mir!

Und darum komme ich zu dir, du mein Vater,
deine Nähe tut so gut.
Voller Liebe nimmst du mich in deine Arme.
Deine Nähe macht mir Mut.

## 9: Segen

*Zum Abschluss bitten wir Gott um seinen Segen. Er hat uns das Leben geschenkt und lässt uns nie allein. Wir setzen oder stellen uns in einen Kreis und legen uns gegenseitig die Hände auf die Schultern. So können wir den Segen Gottes spüren.*

Deine Hilfe kommt vom Herrn,
der Himmel und Erde gemacht hat.
Gott wird nie müde,
sondern gibt immer auf dich Acht
und hält dich in seiner Hand.
Amen.

*Nach dem Segen löschen wir die Kerze und beenden so unser Familiengebet.*

<<< Instrumental >>>

Wenn ihr heute oder in den nächsten Tagen draußen in der Natur seid, nutzt die Gelegenheiten, um über Gottes Schöpfung zu staunen: den Regenwurm in der nassen Erde, die Wolken, die am Himmel ziehen, die Blumen, die blühen oder die Früchte, die am Baum wachsen. Frühling, Sommer, Herbst und Winter: Alles hat Gott gemacht!

# GOTT IST DA (Nr. 10-18 auf der CD)

## 10: Einstieg

<<< instrumental >>>

Jesus hat versprochen: wenn zwei oder drei in seinem Namen zusammenkommen, dann ist er mitten unter ihnen. Das gilt auch heute. Wir sehen Jesus zwar nicht, aber er ist jetzt hier bei uns in diesem Zimmer. Als Zeichen dafür, dass Jesus jetzt bei uns ist, zünden wir die Kerze an.

<<< Kerze anzünden >>>

## 11: Lied „Willkommen im Vaterhaus“

Willkommen, hallo im Vaterhaus
Kinder, kommt rein,
ja, die Tür steht weit auf!
Willkommen, hallo im Vaterhaus!
Schön, dass du da bist,
fühl dich wie zu Haus.

Komm so wie du bist
ins Vaterhaus.
Was bringst du heut mit
ins Vaterhaus?
Gottes Liebe ist hier,
hell und warm.
Der Vater wartet schon,
nimmt dich in den Arm!

## 12: Gebet

*Das folgende Gebet sprechen wir gemeinsam. Wir öffnen unsere Hände und sagen Gott dadurch: Wir genießen deine Nähe. Wir wollen dich gerne spüren, mit dir reden und deine Stimme hören.*
*Wir halten Gott unsere Hände hin – während des Gebetes und auch noch einen Moment danach*

Danke, Vater, dass die Tür zu deinem Haus jetzt offen steht. Wir gehen hinein und wollen gern von dir in den Arm genommen werden. Das tut uns gut und macht uns stark. Hilf uns, ein bisschen mehr zu verstehen, wie du bist. Amen

## 13: Lied „Rechne mit Gott"

Rechne mit Gott jetzt und hier
Rechne mit Gott, er rechnet mit dir.
An diesem Tag ist er ganz nah.
Er macht dir Mut, rechne mit Gott.
Er macht dir Mut, rechne mit Gott.

## 14: Bibeltext Psalm 139

*Wir hören ein Gebet von König David aus dem Psalm 139:*

Von hinten und vorn hast du mich umschlossen. Und deine Hand hast du auf mich gelegt. Wohin könnte ich gehen vor deinem Geist, wohin fliehen vor deiner Gegenwart? Würde ich in den Himmel steigen: Du bist dort. Würde ich mich in der Unterwelt verstecken: Du bist auch da. Würde ich hoch fliegen, wo das Morgenrot leuchtet, mich niederlassen, wo die Sonne im Meer versinkt: Selbst dort nimmst du mich an die Hand und legst deinen starken Arm um mich.

(Übersetzung Basis Bibel Psalm 139, 5.7-10)

<<< Zur Vertiefung lesen wir den Text noch einmal >>>

## 15: Gesprächszeit

Wir nehmen uns Zeit und reden miteinander über das, was wir gerade gehört haben. Gott ist jedem von uns ganz nah, egal, wo wir sind. Das bedeutet sogar sein Name „Jahwe“: ich bin bei dir.

*Bitte wählt nun eine der vier Fragen aus. Redet miteinander darüber. Jeder sagt reihum einen Gedanken dazu. Das jüngste Familienmitglied beginnt. Jeder darf seine Gedanken sagen, während die anderen ihm zuhören. Alles, was gesagt wird, ist wertvoll.*

<<< Bitte jetzt auf Pause drücken. >>>

1. Wir Menschen können nur an einem Ort gleichzeitig sein. Aber Gott ist da ganz anders. Wie stellt ihr euch das vor? Wo ist Gott?

2. Wie fühlt sich das an, wenn Gott dich von allen Seiten umgibt– von vorne und von hinten, von oben und unten?

3. In welchen Situationen wünschst du dir besonders, dass Gott seinen starken Arm um dich legt?

4. Gott ist jeden Tag nah bei dir und auch bei den Menschen, die du lieb hast. Betet zusammen für einen oder mehrere Menschen, die jetzt nicht bei euch sind, sondern an einem anderen Ort. Wer könnte das sein?

<<< Bei Nr. 16 fortfahren>>>

## 16: Gebet

<<< Instrumental >>>

*Wir beten gemeinsam:*

Lieber Gott, danke, dass du uns nie allein lässt.
Egal, ob am Tag oder in der Nacht – du bist da.
Egal, ob wir daheim sind oder unterwegs – du bleibst bei uns.
Ob wir gerade an dich denken oder mit vielen anderen Dingen beschäftigt sind – du lässt uns nie allein.
Auch wenn wir traurig sind oder Schmerzen haben – du umgibst uns.
Danke, dass du bei uns und in uns wohnst.
Amen

## 17: Lied „Wir glauben an Gott den Vater“

Wir glauben an Gott, den Vater.
Wir glauben an Jesus, den Sohn.
Wir glauben an den Heiligen Geist,
der in den Kindern Gottes wohnt.

Gott ist über uns,
Gott ist immer mit uns,
Gott ist durch seinen Geist in uns.

Der zweite Teil kann auch mit Bewegungen gesungen werden: Gott ist über uns (Hände wie ein Dach über dem Kopf des Sitznachbarn), Gott ist immer mit uns (einem anderen die Hand schütteln oder um die Schultern legen), Gott ist durch seinen Geist... (alle fassen sich an den Händen).

## 18: Segen

*Zum Abschluss bitten wir Gott um seinen Segen. Seine Nähe tut uns so gut. Wir fassen uns an den Händen und hören, was Jesus sagt:*

Jesus sagt:
ich bin bei euch, jeden Tag,
bis zum Ende der Welt.
Amen.

*Wir drücken einander noch kurz die Hände und sehen uns dabei an.*
*Nach dem Segen löschen wir die Kerze und beenden so unser Familiengebet.*

<<< Instrumental >>>

# GOTT LIEBT UNS UND WIR LIEBEN DEN NÄCHSTEN (Nr. 19-27 auf der CD)

## 19: Einstieg

<<< instrumental >>>

Unser guter Gott, der diesen Tag gemacht hat, ist jetzt hier. Sein Licht leuchtet in der Dunkelheit.
Als Zeichen seiner Nähe, Liebe und Wärme zünden wir eine Kerze an.

<<< Kerze anzünden >>>

## 20: Lied „Jesus, wir laden dich ein“

Jesus, wir laden dich ein
bei uns zu sein.
Bitte komm herein,
sei bei uns daheim.

Du bist da, wunderbar.
Wir freuen uns, Halleluja.
Du bist da, wunderbar.
Wir begrüßen dich.

Jesus, wir laden dich ein,
willkommen daheim.

## 21: Gebet

Das folgende Gebet sprechen wir gemeinsam. Wir öffnen unsere Hände und sagen Gott dadurch: Du bist groß. Wir vertrauen dir und beten dich an. Rede jetzt zu uns. Wir halten Gott unsere Hände hin - während des Gebetes und auch noch einen Moment danach.

Großer Gott, du bist die Liebe. Wir wollen bei dir und in deiner Liebe bleiben.
Ehre sei dem Vater und dem Sohn und dem Heiligen Geist.
Du bist immer schon da gewesen. Jetzt bist du hier und wirst auch morgen und allezeit bei uns sein. Amen.

## 22: Lied „Gottes große Liebe“

Gottes große Liebe,
Gottes große Liebe,
Gottes große Liebe,
in Jesus sehn wir sie.

Er hat uns so reich gemacht,
mit Gutem überschüttet,
alle, die ihm vertraun
dürfen Gottes Kinder sein.

## 23: Bibeltext: Römer 13

*Wir hören zwei Verse aus dem Brief an die Römer:*

Alle Gebote lassen sich in einem Satz zusammenfassen: „Du sollst deinen Mitmenschen lieben, wie dich selbst“. Denn wer seinen Mitmenschen liebt, tut ihm nichts Böses. Deshalb ist die Liebe das Entscheidende an Gottes Gesetz.

(Übersetzung Hoffnung für alle Römer 13,9b -10)

<<< Zur Vertiefung lesen wir den Text noch einmal >>>

## 24: Gesprächszeit

Gott ist jetzt hier bei uns, in diesem Zimmer. Er möchte zu uns sprechen. Gott möchte uns sagen, was ihm wirklich wichtig ist.

Wir nehmen uns Zeit und reden miteinander über das, was wir gerade gehört haben.
Wer tun möchte, was Gott will, der soll seinen Mitmenschen lieben. Das ist einer der wichtigsten Sätze, die Jesus gesagt hat. Wenn wir Gott zeigen wollen, dass wir ihn lieben, können wir das tun, indem wir andere Menschen lieben und ihnen etwas Gutes tun.

*Bitte wählt nun eine der vier Fragen aus. Redet miteinander darüber. Jeder sagt reihum einen Gedanken dazu. Das jüngste Familienmitglied beginnt. Jeder darf seine Gedanken sagen, während die anderen ihm zuhören. Alles, was gesagt wird, ist wertvoll.*

<<< Bitte jetzt auf Pause drücken.>>>

1. Was fällt dir ein, wenn du hörst: Liebe deine Mitmenschen? Zuhause, beim Spielen, in der Schule oder auf der Arbeit?

2. Bei welchem Menschen fällt es dir besonders schwer, ihn zu lieben und warum?

3. In dem Text steht, dass jeder Mensch sich selbst lieben soll. Gott findet das gut. Was heißt das: sich selbst lieben?

4. Wie kannst du Gott zeigen, dass du ihn liebst?

<<<Bei Nr. 25 fortfahren >>>

## 25: Gebet

<<< Instrumental >>>

*Lasst uns zusammen beten:*

Lieber Vater im Himmel, du nimmst mich an, wie ich bin. Ich danke dir dafür. Bitte hilf mir, auch andere anzunehmen, wie sie sind. Bei manchen Menschen fällt es mir schwer, sie zu lieben. Sie sind so anders. Schenke mir bitte noch mehr von deiner Liebe, damit ich sie weitergeben kann. Ich brauche deine Hilfe. Amen.

## 26: Lied „Liebe Gott und deinen Nächsten“

Liebe Gott und deinen Nächsten,
liebe Gott und deinen Nächsten,
liebe Gott und deinen Nächsten,
ganz genauso wie dich selbst.

Liebe Gott und deine Mama...
deinen Papa...

Denkt euch weitere Strophen aus! Wen sollen wir noch lieben? ... Schwester / Bruder / Lehrer / Nachbarn. Natürlich können auch die Namen von jedem einzelnen in der Runde ergänzt werden.

## 27: Segen

*Zum Abschluss bitten wir Gott um seinen Segen. Er hilft uns gerne dabei, liebevoller zu leben. Wir öffnen eine Hand und legen die andere auf unser Herz und bitten Gott, uns mit seiner Liebe zu füllen:*

Die Liebe, die Gott in mein Herz
gelegt hat, begleite mich.
Die Kraft Gottes soll in mir wachsen
und stark werden.
Gott helfe mir, seine Liebe
an andere zu verschenken.
Immer und überall.
Amen.

*Nach dem Segen löschen wir die Kerze und beenden so unser Familiengebet.*

<<< Instrumental >>>

# GOTT BEWAHRT UNS (Nr. 28-36 auf der CD)

## 28: Einstieg

<<< instrumental >>>

Gott, unser Vater im Himmel, der uns an seiner Hand hält, ist jetzt hier. Gott gibt uns Licht für jeden nächsten Schritt. Als Zeichen seiner Nähe, Liebe und Wärme zünden wir eine Kerze an.

<<< Kerze anzünden >>>

## 29: Lied „Willkommen im Vaterhaus“

Willkommen, hallo im Vaterhaus!
Kinder, kommt rein,
ja, die Tür steht weit auf!
Willkommen, hallo im Vaterhaus!
Schön, dass du da bist,
fühl dich wie zu Haus.

Komm so wie du bist,
ins Vaterhaus.
Was bringst du heut mit,
ins Vaterhaus?
Gottes Liebe ist hier,
hell und warm.
Der Vater wartet schon,
nimmt dich in den Arm!

## 30: Gebet

Das folgende Gebet sprechen wir gemeinsam. Wir öffnen unsere Hände und sagen Gott dadurch: Du bist unser Vater. Du bist hier und willst mit uns reden. Darauf freuen wir uns.
Wir halten Gott unsere Hände hin - während des Gebetes und auch noch einen Moment danach.

Vater, deine Liebe ist groß. Danke, dass deine Tür für uns heute offen steht. Wir gehen jetzt hinein ins Vaterhaus.
Ehre sei dem Vater und dem Sohn und dem Heiligen Geist.
Du bist immer schon da gewesen. Jetzt bist du hier und wirst auch morgen und allezeit bei uns sein. Amen.

## 31: Lied „Ich bin sicher an der Hand des Vaters"

Ich bin sicher an der Hand des Vaters,
ich bin sicher in Gottes Hand.

Auch wenn es Dinge gibt, die ich nicht verstehen kann,
bin ich trotzdem ganz sicher und halte mich daran:
Ich bin sicher an der Hand des Vaters,
ich bin sicher an Gottes Hand.

Bei Gott ist alles sicher,
weil er hält, was er verspricht.
Darum will ich ihm vertrauen,
denn Gott enttäuscht mich nicht.

Ich bin sicher an der Hand des Vaters,
ich bin sicher in Gottes Hand.

## 32: Bibeltext: Markus 4

*Wir hören einen Bibeltext aus dem Markusevangelium:*

Da kam ein schwerer Sturm auf, sodass die Wellen ins Boot schlugen. Das Boot füllte sich schon mit Wasser, Jesus aber lag hinten im Boot auf dem Sitzkissen und schlief. Die Jünger weckten ihn und riefen: „Jesus, kümmert es dich nicht, dass wir untergehen?“ Jesus stand auf, sprach ein Machtwort zu dem Sturm und befahl dem tobenden See: „Schweig. Sei still!“ Da legte sich der Wind und wurde ganz still.

(Übersetzung Gute Nachricht Markus 4,37-39)

<<< Zur Vertiefung lesen wir den Text noch einmal >>>

## 33: Gesprächszeit

Wenn zwei oder drei Menschen zusammenkommen um Jesus zu begegnen, dann ist er da. Das hat er versprochen. Wir nehmen uns Zeit und reden miteinander über das, was wir gerade gehört haben. Selbst in den schwersten Stürmen und Gefahren lässt er uns nicht allein. Wo Jesus ist, sind wir sicher.

*Bitte wählt nun eine der vier Fragen aus. Redet miteinander darüber. Jeder sagt reihum einen Gedanken dazu. Das jüngste Familienmitglied beginnt. Jeder darf seine Gedanken sagen, während die anderen ihm zuhören. Alles, was gesagt wird, ist wertvoll.*

<<< Bitte jetzt auf Pause drücken.>>>

1. Im Sturm war es sehr laut, nass und gefährlich. Die Jünger hatten große Angst. Kennst du das? Wo ist es bei dir wie in einem Sturm? Wann hast du Angst?

2. Schließt die Augen und stellt euch vor, dass Gott euch an der Hand hält. Wie fühlt sich das an?

3. Hast du manchmal Angst, dass Gott schläft und nicht mitbekommt, wie es dir geht?

4. Wo hat Gott dich einmal besonders bewahrt?

<<< Bei Nr. 34 fortfahren >>>

## 34: Gebet

<<< Instrumental >>>

*Wir reden gemeinsam mit Gott:*

Du bist unser Gott, du breitest deine Flügel über uns und gibst uns Schutz. Wir wollen gerne deine Nähe spüren, denn das nimmt uns die Angst. Wir bitten dich für unsere Familie, für unsere Freunde und alle, die wir lieb haben: Bewahre uns, wenn es gefährlich wird. Bleib bei uns, wenn es Nacht wird und hilf uns am Tag. Amen.

Idee zum Gebet: Schaltet die CD aus und betet namentlich für jeden aus eurer Familie.

## 35: Lied „Auf Händen getragen“

Auf Händen getragen,
von Engeln beschützt,
du wirst mich bewahren,
mein Herr und mein Gott.

Die Nacht verliert ihren Schrecken,
am Tag droht keine Gefahr.
Kein Unheil wird mich treffen,
denn du bist so nah!

## 36: Segen – Kreuzzeichen

*Zum Abschluss bitten wir Gott um seinen Segen. Er nimmt uns gerne die Angst weg, die uns manchmal beschleicht. Wir öffnen unsere Hände und bitten Gott, sie zu füllen:*

Fürchte dich nicht,
Gott ist bei dir.
Hab keine Angst,
denn er hält dich fest
an seiner Hand.
Er beschützt dich,
wo immer du bist.
Amen.

*Zum Abschluss machen wir das Kreuzzeichen: Wir berühren mit der Hand erst die Stirn, dann die Brust, danach die linke Schulter und die rechte Schulter. Das symbolisiert, dass wir zu Jesus Christus gehören.*

*Nach dem Segen löschen wir die Kerze und beenden so unser Familiengebet.*

<<< Instrumental >>>

# GOTT KOMMT ZU UNS (Nr. 37-45 auf der CD)

„Wenn Familien beten" in der Advents- und Weihnachtszeit

## 37: Einstieg

<<< Instrumental >>>

Gott, der seinen Sohn Jesus auf die Erde geschickt hat, ist jetzt hier bei uns. Er macht unsere Herzen hell. Als Zeichen für seine Liebe und Gegenwart zünden wir eine Kerze an.

Statt einer einzigen Kerze können die Kerzen des Adventskranzes angezündet werden - jede Woche eine Kerze mehr.

<<< Kerze anzünden >>>

## 38: Lied „Ich hab seinen Stern gesehn"

Ich hab seinen Stern gesehn  
und ich folge ihm.  
Ich geh auch zu Jesus hin  
und ich folge ihm.

Jesus hat sich klein gemacht,  
Jesus kam von ganz weit oben.  
Hat dabei an mich gedacht,  
komm, wir woll'n Gott loben.

Ich hab seinen Stern gesehn!

## 39: Gebet

Das folgende Gebet sprechen wir gemeinsam. Wir öffnen unsere Hände und sagen Gott dadurch: Du bist hier und willst mit uns reden. Darauf freuen wir uns.
Wir halten Gott unsere Hände hin - während des Gebetes und auch noch einen Moment danach.

Danke für diese Adventszeit. Wir wollen unsere Herzen weit aufmachen und sagen: Herzlich willkommen, Jesus! Danke, dass du diese Welt besucht hast und so klein wurdest, wie auch wir alle einmal waren. Du kennst jeden von uns so gut, denkst an uns und segnest uns. Amen.

## 40: Lied „Runtergekommen, abgestiegen“

Runtergekommen, abgestiegen,
Erde statt Himmel da wo wir sind.
Runtergekommen, abgestiegen,
alles aus Liebe. Der König wird Kind.

Da wo Streit ist, gibt es Versöhnung,
da wo Angst ist, Geborgenheit.
Da wo Hass ist, kommst du mit Frieden.
Runtergekommen in unsre Zeit.

Da wo Schmerz ist, gibt es Erlösung,
da wo Not ist, Sicherheit.
Da wo Leid ist, heilst du die Wunden.
Runtergekommen in unsre Zeit.

## 41: Bibeltext: Matthäus 2

*Wir hören die Weihnachtsgeschichte nach dem Matthäusevangelium:*

Jesus wurde in der Stadt Bethlehem in Judäa während der Herrschaft von König Herodes geboren. In dieser Zeit kamen einige Sterndeuter aus einem Land im Osten nach Jerusalem und fragten überall: „Wo ist der neugeborene König der Juden? Wir haben seinen Stern aufgehen sehen und sind gekommen, um ihn anzubeten." Der Stern führte sie nach Bethlehem. Er zog ihnen voran und blieb über dem Ort stehen, wo das Kind war. Als sie den Stern sahen, war ihre Freude groß. Sie gingen in das Haus und fanden das Kind mit seiner Mutter Maria, sanken vor ihm auf die Knie und beteten es an. Dann öffneten sie ihre Truhen mit Kostbarkeiten und beschenkten es mit Gold, Weihrauch und Myrrhe.

(Übersetzung Neues Leben Matthäus 2,1-2.9-10)

<<< Zur Vertiefung lesen wir den Text noch einmal >>>

## 42: Gesprächszeit

Wir nehmen uns Zeit und reden miteinander über das, was wir gerade gehört haben. Im Advent bereiten wir uns darauf vor, Jesus zu begrüßen und in unserem Leben willkommen zu heißen. Er ist zu uns auf die Erde gekommen.

*Bitte wählt nun eine der vier Fragen aus. Redet miteinander darüber. Jeder sagt reihum einen Gedanken dazu. Das jüngste Familienmitglied beginnt. Jeder darf seine Gedanken sagen, während die anderen ihm zuhören. Alles, was gesagt wird, ist wertvoll.*

<<< Bitte jetzt auf Pause drücken.>>>

- Weshalb haben die Sterndeuter so einen weiten Weg auf sich genommen – ohne genau zu wissen, wohin sie reisen sollten?
- Die Sterndeuter hatten wertvolle, aber auch etwas seltsame Geschenke dabei. Was würdest du Jesus gerne schenken?
- Was ist der schönste Teil der Weihnachtsgeschichte für dich?
- Was tun wir in der Advents- und Weihnachtszeit, um den Geburtstag von Jesus zu feiern?

Eigentlich ist es schade, wenn wir die bekannte Weihnachtsgeschichte aus Lukas 2, 1-11 nur an Heiligabend hören. Sie kann zusätzlich gelesen werden – besonders wenn die dritte Frage im Mittelpunkt steht.

<<<Bei Nr. 43 fortfahren >>>

## 43: Gebet

<<< Instrumental>>>

*Wir beten zusammen:*

Jesus, wir beten dich an, wie das auch die Sterndeuter gemacht haben. Auch wir spüren: Etwas ganz Besonderes ist passiert, als du geboren wurdest. Du kamst ganz klein auf die Welt und kannst doch ganz große Dinge tun. Wir bitten dich, dass du Frieden schenkst, wo Streit ist; dass du Hoffnung gibst, wo Menschen verzweifelt und traurig sind. Auch bei uns ist nicht immer alles gut. Aber du wohnst bei uns. Das ist gut. Bitte hilf uns. Amen.

## 44: Lied „Weihnachten ist Party für Jesus“

Weihnachten ist Party für Jesus,
Geburtstagsfeier bei Kerzenschein.
Weihnachten ist Party für Jesus,
Gott kommt zu uns, zu groß und zu klein.
Weihnachten ist Party für Jesus,
wir tanzen um den Tannenbaum.
Weihnachten ist Party für Jesus,
Gott kommt zu uns, Frieden bleibt kein Traum.

Die Hirten auf dem Feld erfuhren es zuerst,
1000 Engel sangen Halleluja.
Die Einfachen, die Armen erfuhren es zuerst.
Jesus Christus, der Retter ist da.
Königsgeburtstag im stinkigen Stall,
Gott wird Mensch, gerade sie sind live dabei,
live dabei, live dabei, live dabei.

Die Weisen aus dem Ausland erfuhren es zuerst.
Ein heller Stern zeigte ihnen den Weg.
Die Gott nicht kannten, erfuhren es zuerst.
Tolle Geschenke brachten sie mit.
Königsgeburtstag im stinkigen Stall,
Gott wird Mensch, gerade sie sind live dabei,
live dabei, live dabei, live dabei.

Alle dürfen kommen so wie sie sind.
Arme und Reiche von nah und von fern
feiern mit dem Geburtstagskind:
Anbetung für Jesus den Herrn!

## 45: Segen

*Zum Abschluss bitten wir Gott um seinen Segen. Er beschenkt uns immer wieder gerne. Wir öffnen unsere Hände und bitten Gott, sie zu füllen:*

Gott segne dich in
dieser dunklen
Jahreszeit mit seiner
Wärme und seinem
Licht. Es segne uns
der Vater, der Sohn
und der Heilige Geist.
Amen.

*Nach dem Segen löschen wir die Kerze und beenden so unser Familiengebet.*

<<< Instrumental>>>

# 2+20 JESUS, WIR LADEN DICH EIN

Text und Musik: Daniel Kallauch

# 4 GOTT SPRACH AM ANFANG

Text und Musik: Daniel Kallauch

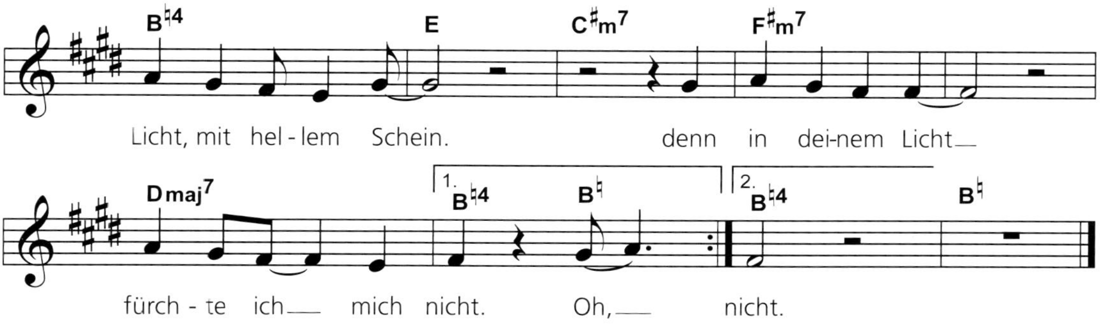
B♮4 E C♯m7 F♯m7
Licht, mit hel - lem Schein. denn in dei-nem Licht
Dmaj7 1. B♮4 B♮ 2. B♮4 B♮
fürch - te ich mich nicht. Oh, nicht.

# 8 DU BIST DER HERR

Text und Musik: Daniel Kallauch

# DANIEL KALLAUCH

Mit 14 frischen Liedern will der Kinderkünstler die Widerstandsfähigkeit von Kindern und Familien stärken. Seit Januar 2016 ist er mit dieser CD auf Tour. Einige Lieder: Steh auf und lauf wieder los / Ich kann das, ich schaff was / Mama, du bist mein Glück/ Papa Supermann / Gute Besserung / der Geburtstagshit Einzigartig, so wie ein berührendes Lied über einen behinderten Freund gehören zum Repertoire. Daniel Kallauch ist Studiogast bei Radiomoderator Willibald. Im Gespräch werden mehr als 100 Sprichwörter und Redewendungen verwendet.

Eine 80 Minuten Mut-mach-Spaß-Produktion für die ganze Familie.

Ebenfalls erhältlich:

**CD 14,95 €**

Bestellnummer: 101520 0001

Die mitreißende Familienshow live aufgenommen mit 1000 kleinen und großen Fans. Natürlich auch dabei: Der Spaßvogel Willibald, Wolfgang Zerbin und der schreckhafte Sicherheitsmann Herr Schutz-Engel. Jede Menge Spaß und Musik mit den bekanntesten Hits von Daniel Kallauch. Dieses Programm wurde mehr als 200-mal aufgeführt. Über 65.000 Besucher waren live dabei. Jetzt noch einmal erleben. Gesamtspiellänge: 83 Min.

**DVD 12,95 €**

Bestellnummer: 101520 0003

**Ganz schön starke Silikonarmbänder**

Hellblau/Türkis (kleine Kinder bis ca. 5 J.)
Bestellnr. 201520 0002

Rot (Kinder ab ca. 5 Jahren)
Bestellnr. 201520 0003

Dunkelblau/lila (Kinder ab ca. 5 Jahren)
Bestellnr. 201520 0004

Marineblau (Erwachsene)
Bestellnr. 201520 0005

**JE ARMBAND 2,- €**

3 STÜCK NUR **5,- €** • 5 STÜCK NUR **7,- €**

10 STÜCK NUR **10,- €**

Fotos: GabrielKirchner.

# 11 WILLKOMMEN, HALLO IM VATERHAUS

Text und Musik: Daniel Kallauch

# 29 WILLKOMMEN, HALLO IM VATERHAUS

Text und Musik: Daniel Kallauch

# 13 RECHNE MIT GOTT

Text und Musik: Daniel Kallauch

# 17 WIR GLAUBEN AN GOTT DEN VATER

Text: Daniel Kallauch
Musik: Daniel Kallauch und Cornelius Schock

# 22 GOTTES GROSSE LIEBE

Text und Musik: Daniel Kallauch

# 26 LIEBE GOTT UND DEINEN NÄCHSTEN

Text und Musik: Daniel Kallauch

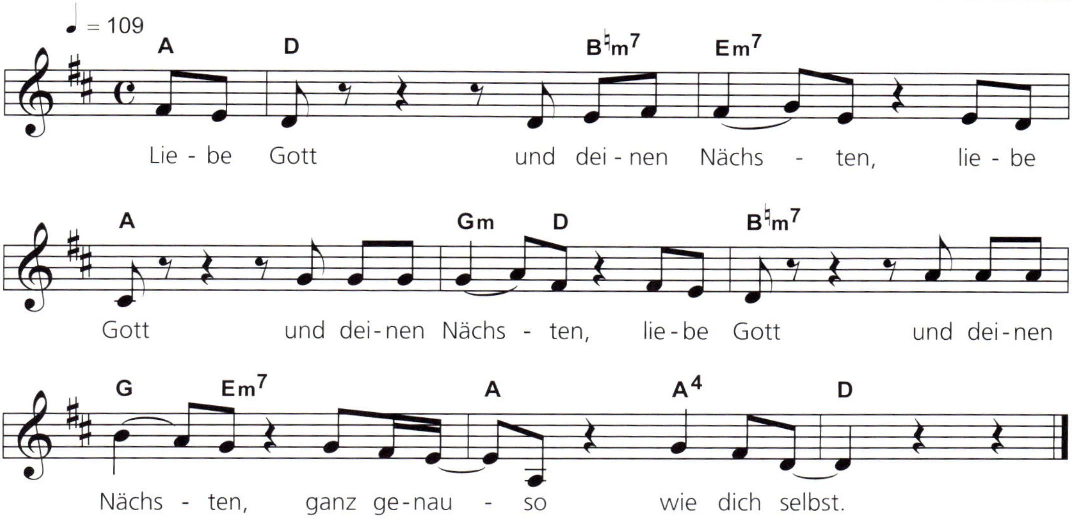


2. Liebe Gott und deine Eltern...

3. Liebe Gott und deine Lehrer...

4. Liebe Gott und deinen Nachbarn...

# 31 ICH BIN SICHER AN DER HAND DES VATERS

Text und Musik: Daniel Kallauch

# 35 AUF HÄNDEN GETRAGEN

Text und Musik: Daniel Kallauch

# 38 ICH HAB SEINEN STERN GESEHN

Text und Musik: Daniel Kallauch

# 40 RUNTERGEKOMMEN, ABGESTIEGEN

Text und Musik: Daniel Kallauch

2. Da, wo Schmerz ist, gibt es Erlösung,
da, wo Not ist, Sicherheit.
Da, wo Leid ist, heilst du die Wunden.
Runtergekommen, in unsre Zeit.

# 44 WEIHNACHTEN IST PARTY FÜR JESUS

Text: Daniel Kallauch
Musik: Daniel Kallauch und Cornelius Schock

C G D4 D
Hal - le - lu - ja. Die Ein - fa - chen, die Ar - men er -
ih - nen den Weg. Die Gott nicht kann - ten, er -
D4 D C G
fuh - ren es zu - erst: Je - sus Chris - tus, der
fuh - ren es zu - erst, tol - le Ge - schen - ke
C G A
Ret - ter ist da! Kö - nigs - ge - burts - tag im
brach - ten sie mit.
D A D G
stin - ki - gen Stall, Gott wird Mensch, gra - de sie sind
C Bridge
A4 A A4 A zu A F Fmaj7
live da - bei! Live da - bei! Al - le dür - fen kom - men,
G F Fmaj7
so wie sie sind. Ar - me und Rei - che von
G C D G
Nah und von Fern fei - ern mit dem Ge - burts - tags - kind. An -
C Em7 A4 A zu A
be - tung für Je - sus, den Herrn!
Coda
G B♮m7 Em7 D A4 D
Gott kommt, und Frie - den bleibt kein Traum!

## Angaben zu der CD

Arrangements: Wolfgang Zerbin, www.zerbin.eu
Gesang: Daniel Kallauch
Klavier, Rhodes, Wurlitzer, Keyboards: Wolfgang Zerbin
Akustische Gitarren: Lothar Kosse
Percussion: Helmut Kandert

Sprecher: Daniel Kallauch
Sprecherin: Angela Eickhoff

Aufnahmen (außer Gitarren), Mix und Mastering:
Michael Kusterer, schoko pro studio, Wiesbaden

Produziert von Daniel Kallauch und Wolfgang Zerbin
für VOLLTREFFER


Bestellnummer: 1015200012
ISBN 978-3-9817652-1-2
VOLLTREFFER Vertrieb
Steigstr. 8, 73760 Ostfildern
Tel.: 07158 128 4891
info@DanielKallauch.de
www.DanielKallauch.de

Wer zum Abspielen der Lieder und Texte lieber eine mp3-Datei (zum Beispiel auf dem Tablet oder Smartphone) nutzen möchte, kann den Inhalt der CD mit dem Code **WFB2016ADK** auf www.shop/daniel.kallauch.de herunterladen.

Für einige der Lieder auf der CD gibt es Bewegungen. Wer Spaß hat, diese zu lernen, kann sich kleine Videos bei YouTube dazu ansehen. Bitte gebt dort „WFB DK Bewegungen" ein.